El espacio

La Luna

Charlotte Guillain

Heinemann Library
Chicago, Illinois

Editorial: Rebecca Rissman, Charlotte Guillain, and Siân Smith
Picture research: Tracy Cummins and Heather Mauldin
Designed by Joanna Hinton-Malivoire
Translation into Spanish by DoubleOPublishing Services
Printed and bound by South China Printing Company Limited

13 12 11 10 09
10 9 8 7 6 5 4 3 2 1

ISBN-13: 978-1-4329-3506-1 (hc)
ISBN-13: 978-1-4329-3513-9 (pb)

Library of Congress Cataloging-in-Publication Data

Guillain, Charlotte.
    [Moon. Spanish]
    La luna / Charlotte Guillain.
        p. cm. -- (El espacio)
    Includes index.
    ISBN 978-1-4329-3506-1 (hardcover) -- ISBN 978-1-4329-3513-9 (pbk.)
    1. Moon--Juvenile literature. 2. Satellites--Juvenile literature. I. Title.
    QB582.G8518 2009
    523.3--dc22
                                    2009010996

Acknowledgments
The author and publisher are grateful to the following for permission to reproduce copyright material:
Alamy pp.**5** (©ImageState), **20** (©Stocktrek Images, Inc.); Getty Images pp. **10** (©Joe Drivas), **11** (©Joel Sartore), **13** (©NASA/Stringer), **19** (©Science Faction/NASA), **22** (©NASA/Stringer), **23a** (©Alamy/ImageState), **23c** (©NASA/Stringer); NASA pp. **9** (©GRIN), **16** (©GRIN/David R. Scott), **17** (©GRIN), **18** (©GRIN/David Scott), **23b** (©GRIN); Photo Researchers Inc pp.**8** (©Science Source/NASA), **12** (©Detlev van Ravenswaay), **21** (©SPL); Photolibrary pp.**4** (©Dennis Lane), **6** (©Corbis); Shutterstock pp.**7** (©Oorka), **15** (©David Scheuber).

Front cover photograph reproduced with permission of NASA (©JPL/USGS). Back cover photograph reproduced with permission of NASA (©GRIN).

Every effort has been made to contact copyright holders of any material reproduced in this book. Any omissions will be rectified in subsequent printings if notice is given to the publisher.

Contenido

El espacio

La Luna está en el espacio.

El espacio queda más allá del cielo.

La Luna

La Luna es una bola formada de roca.

La Luna es más pequeña que la Tierra.

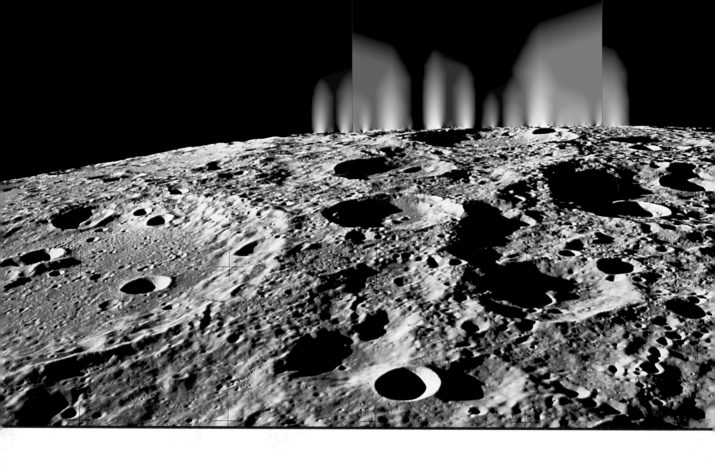

No hay aire en la Luna.

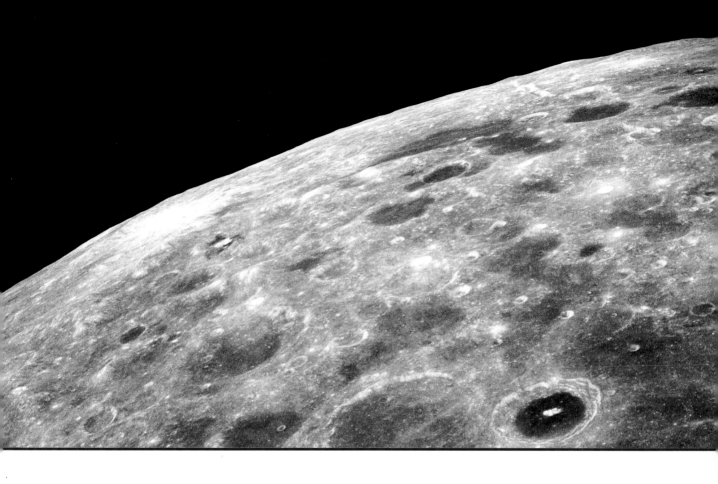

No hay seres vivientes en la Luna.

La Luna no produce su propia luz.

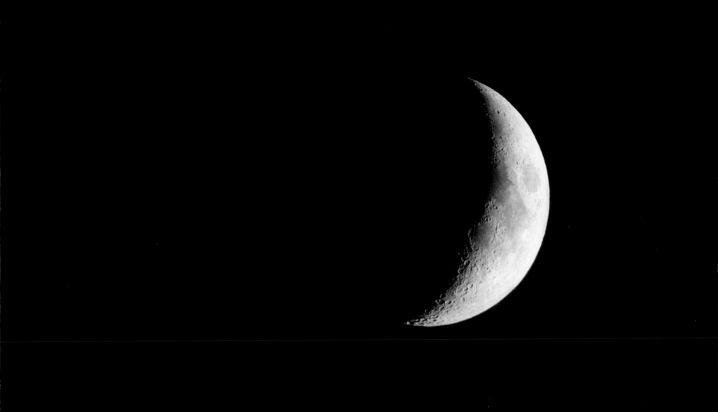

La luz del Sol hace que brille la Luna.

Hay polvo en la Luna.

cráter

Hay cráteres en la Luna.

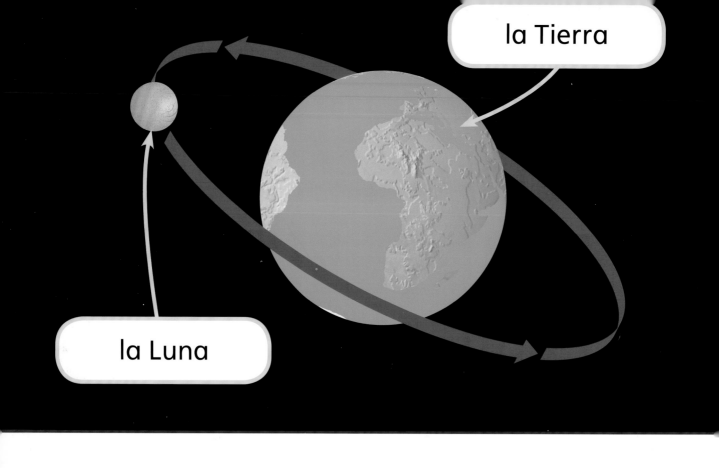

la Tierra

la Luna

La Luna gira, u orbita, alrededor de
la Tierra.

No siempre se ve toda la Luna mientras orbita alrededor de la Tierra.

Alunizajes

Algunas personas han visitado la Luna.

Los astronautas han visitado la Luna.

Los astronautas recolectaron rocas.

Los astronautas echaron un vistazo
por la Luna.

Otras lunas

Hay otras lunas en órbita alrededor
de otros planetas.

Algunos planetas tienen muchas lunas.

¿Te acuerdas?

¿Qué es esto?

Respuesta en la pág. 24

Glosario ilustrado

aire gas que no se puede ver y que nos rodea en la Tierra. Necesitamos respirar aire para mantenernos vivos.

astronauta persona que viaja al espacio

cráter agujero en la tierra, con forma de cuenca

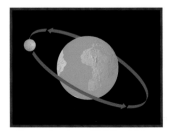

orbitar girar alrededor de algo

Índice

Respuesta a la pregunta en la pág. 22: Un cráter.

Nota a padres y maestros
Antes de leer

Pregunte a los niños si han visto la Luna. ¿Qué forma tenía? ¿Se veía igual la Luna cada vez que la observaron? ¿Han visto la Luna alguna vez durante el día? Explique que la Luna gira alrededor de la Tierra y que es más pequeña que la Tierra. La Luna no produce su propia luz. La luz del Sol hace que brille la Luna.

Después de leer

• Hacer cráteres lunares. Comenten los cráteres que hay en la Luna. Explique que los cráteres se formaron cuando rocas grandes chocaron con la superficie de la Luna. Llenen una plato poco profundo con yeso mojado. Pida a los niños que dejen caer canicas de varios tamaños en el yeso. Dejen secar el yeso y comenten cómo las canicas han dejado marcas en la superficie del yeso, tal como las rocas dejaron cráteres en la superficie de la Luna.

24